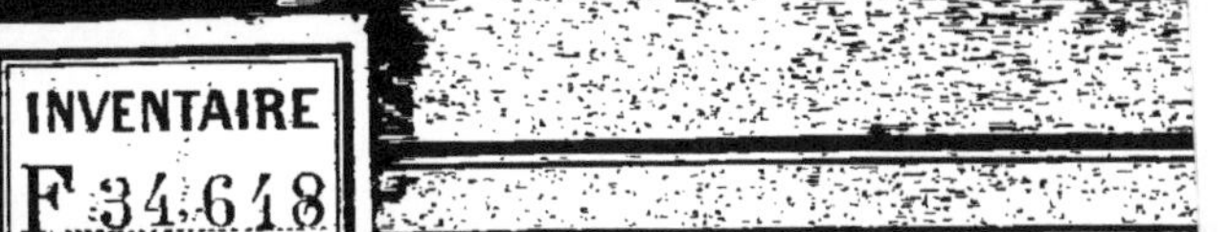

EXAMENS

DES

SURNUMÉRAIRES

DE

L'ENREGISTREMENT

ET

DES DOMAINES.

LONS-LE-SAUNIER,

DE L'IMPRIMERIE DE COURBET,

RUE SAINT-DÉSIRÉ, N° 45.

1836.

EXAMENS

DES

SURNUMÉRAIRES

DE

L'ENREGISTREMENT ET DES DOMAINES.

EXAMENS

DES

SURNUMÉRAIRES

DE

L'ENREGISTREMENT

ET

DES DOMAINES.

LONS-LE-SAUNIER,

DE L'IMPRIMERIE DE COURBET,

RUE SAINT-DÉSIRÉ, Nº 43.

1836.

ADMINISTRATION DE L'ENREGISTREMENT.

Instruction générale, n° 1470, du 15 nov. 1834.

Aux Surnuméraires.

Messieurs,

Ce Cahier, que se plaît à vous offrir gratuitement un Employé de trente-cinq ans de service, contient un abrégé, sinon de tout ce que vous devez savoir dans vos examens, du moins une bonne partie, sans toutefois vous dispenser d'approfondir les matières sur lesquelles vous aurez à répondre.

Je désire seulement que mon travail soit de nature à faciliter, en quelque sorte, ce qu'on exige de vous, et mon but sera rempli.

L'Inspecteur de 2.ᵉ classe au Département du Jura,

Tremeaud.

PREMIER EXAMEN.

ORGANISATION
de
L'ADMINISTRATION.

DEMANDE. Comment se compose l'administration?

RÉPONSE. Elle se compose d'un Directeur général, de quatre Sous-Directeurs, de Chefs de division de première et de seconde classe, et de Sous-Chefs;

De Directeurs de quatre classes dans les départements, d'Inspecteurs de trois classes, et de Vérificateurs de cinq classes.

IMPOTS ET PRODUITS
dont
LA PERCEPTION
lui est confiée.

D. Quels sont les produits dont la perception lui est confiée?

R. Les droits d'enregistrement des actes, ceux du timbre, de greffe et d'hypothèques; la recette des amendes de condamnation et de contravention; les frais de justice; le prix des passe-ports et permis de port-d'armes de chasse; le décime du prix des coupes de bois de l'État et des surmesures; reliquats de décomptes; vacations des arpenteurs forestiers; attributions sur les bois des communes et hospices; prix de baux de la pêche; revenus de domaines; arrérages et transferts de rentes; prix de vente de mobiliers; épaves, déshérences et biens vacants; domaines engagés; prix de ventes d'immeubles faites par l'État; frais de poursuite et d'instance; etc.

<table>
<tr><td>

ATTRIBUTIONS,
DEVOIRS
et
OBLIGATIONS
des Receveurs.

</td><td>

D. Quelles sont les attributions, les devoirs et les obligations des Receveurs?

R. Les Receveurs sont chargés de l'exploitation des branches de produit, détaillées à l'article précédent ; ils sont subordonnés aux Employés supérieurs; et ils doivent se conduire de manière à mériter la confiance des Fonctionnaires, en les aidant dans tout çe qu'ils désireraient d'eux, et qui ne nuirait ni à l'assiduité qu'ils doivent à leurs bureaux, ni au secret dans lequel ils doivent tenir les conventions présentées à la formalité.

Les Receveurs doivent avoir des égards envers le public; diriger leurs poursuites avec beaucoup de prudence, même dans le cas d'opiniâtreté de la part des redevables, et être très-économes de frais; ils doivent être ponctuels dans l'envoi de leurs états à la direction, et répondre, sans aucun délai, aux renseignements qui leur sont demandés.

C'est avec ces diverses qualités que les Receveurs parviennent rapidement à leur avancement que le Chef de l'administration se plaît alors à leur accorder.

D. Quelles sont les attributions des Vérificateurs ?

R. Ces employés sont envoyés successivement dans les bureaux pour en vérifier toutes les parties : ils se transportent chez les Officiers publics et ministériels à l'effet d'examiner les minutes et répertoires, pour s'assurer si les lois, dont l'exécution est confiée à l'administration, sont observées.

</td></tr>
</table>

D. Quelles sont les attributions des Inspecteurs ?

R. Les Inspecteurs de 3.e classe ont les mêmes attributions que les Vérificateurs; quant à ceux de première et de seconde, leurs opérations consistent dans l'examen de toutes les parties du service des bureaux, et dans la surveillance des vérifications; et, avant de quitter le bureau où ils ont été envoyés, ils adressent au Directeur le compte de leurs opérations, énonciatif du résultat de cette surveillance.

D. Quelles sont les attributions du Directeur ?

R. Le Directeur dirige le travail des Employés du département, dans le chef-lieu duquel la Direction est établie. Il leur donne les ordres et instructions que l'intérêt de l'administration exige; en un mot, tous les Employés sont sous ses ordres.

Art. 248 des ordres généraux de Régie.

Ses fonctions se divisent en six parties principales : le maintien des principes de perception, la correspondance, le contentieux, la comptabilité, l'envoi périodique des expéditions et la surveillance générale.

ENREGISTREM.t
NATURE ET ORIGINE
de cet impôt.

D. Quelle est la nature et l'origine de l'impôt de l'enregistrement ?

R. L'enregistrement a été créé en remplacement des droits de contrôle et autres, supprimés par la loi du 19 décembre 1790. Sa nature est de connaître celle des actes et leurs différentes dispositions, pour asseoir régulièrement les perceptions sur toutes les conventions et sur les jugements, pour découvrir la fraude, connaître les droits respectifs des héritiers, instruire les instances, et remplir avec exactitude toutes les formalités hypothécaires.

LOIS
qui
— LE RÉGISSENT
actuellement.

D. Quelles sont les lois principales qui régissent actuellement cette partie?

R. Celles des 22 frimaire an 7, 27 ventose an 9, 28 avril 1816, 15 mai 1818 et 16 juin 1824.

PRINCIPES GÉNÉRAUX
sur
son application.

D. Quels sont les principes généraux sur son application?

R. Cette application est difficile, et fort délicate : il faut être d'abord assez éclairé pour connaître le but et la fin des actes ; il faut connaître suffisamment les dispositions de ces lois, et les réglements qui régissent les principes sur la matière; être toujours au courant sur les développements donnés dans les décisions et instructions : si l'on n'est pas doué d'un esprit assez juste pour les entendre dans leur véritable sens, et si l'on substitue à une attention nécessaire, la précipitation, on fera souvent des liquidations inexactes.

DISTINCTION
des
DROITS FIXES
et proportionnels.

D. Quels sont les actes passibles du droit fixe?

R. Sont sujets au droit fixe, les actes civils, judiciaires ou extrajudiciaires qui ne contiennent ni obligation, ni libération, ni condamnation, ni collocation, ni liquidation de sommes, ni transmission de propriété ou d'usufruit de biens meubles ou immeubles.

D. Quels sont les actes passibles du droit proportionnel?

R. Ce sont les obligations, libérations,

condamnations, collocations, liquidations de sommes et toutes transmissions de propriété ou d'usufruit de biens meubles ou immeubles, soit entre vifs, soit par tiers.

L'examen continue sur les neuf premiers titres de la *loi* du 22 frimaire an 7, et ensuite sur le tarif des droits pour toute espèce d'actes et de mutations.

TIMBRE.

DIVERSES ESPÈCES DE TIMBRE.

Loi du 15 brumaire an 7.

TIMBRE des **ACTES CIVILS** et judiciaires.

D. Combien y a-t-il d'espèces de timbre?

R. Il y en a de deux espèces : le timbre de dimension et le timbre proportionnel.

D. A quel usage est employé le timbre de dimension ?

R. Aux minutes et aux expéditions des actes et transactions, soit publics, soit sous seing-privée, et aux actes judiciaires.

TIMBRE PROPORTIONNEL.

Loi du 13 brumaire an 7, et celle du 6 prairial an 7, art. 6.

D. Quelle est la destination du timbre proportionnel ?

R. Il est imposé au commerce pour les lettres de change et les billets à ordre, et aux particuliers qui contractent de simples obligations de sommes entre eux.

TIMBRE EXTRAORDINAIRE.

AVIS, ANNONCES ET AFFICHES.

D. Les avis, annonces et affiches ne doivent-ils pas être timbrés ?

Loi du 15 mai 1818, art. 76, et celle du 28 avril 1816, art. 66.

R. Oui, et le papier est fourni par les particuliers qui doivent les présenter à la formalité, avant l'impression.

D. Quel est le prix du timbre des avis, annonces et affiches ?

Art. 66 et 67 de la loi du 28 avril 1816.

R. Dix centimes la feuille, cinq centimes la demi-feuille, deux centimes et demi le quart de feuille, et un centime le demi-quart de feuille, ainsi que les cartes et tout ce qui est de plus petite dimension. Le tout sans décime.

D. Le prix du timbre de toutes les affiches est-il le même que celui que nous venons de désigner ?

Instruction générale, n° 468.
Art. 6483 du journal de l'enregistrement.

R. Non, car les affiches apposées aux lieux indiqués par la loi et par autorité de justice, sont assujetties au timbre de dimension ; telles, par exemple, que celles concernant les saisies immobilières, les adjudications de biens de mineurs, etc.

CATALOGUES ET PROSPECTUS.

Loi du 6 prairial an 7 ; et, pour les EXCEPTIONS, loi du 15 mars 1817, art. 76, et celle du 15 mars 1818, art. 83.

D. Les catalogues et prospectus sont-ils assujettis au timbre ; et, dans ce cas, quel en est le prix ?

R. Les catalogues et prospectus sont sujets à cette formalité, à l'exception de ceux relatifs à la librairie, aux sciences et aux arts. Le droit de timbre est le même que celui des avis et annonces, si ce n'est que *le décime se perçoit en outre.*

<table>
<tr><td valign="top">

JOURNAUX
et
ÉCRITS PÉRIODIQUES.

Loi du 9 vendémiaire
an 6, art. 56; autre du
28 avril 1816, art. 70.
Loi du 14 décembre
1830, art. 1.er.
Instruction générale,
1343-45.

</td><td>

D. Les journaux et écrits périodiques sont-ils sujets au timbre; et, dans ce cas, quels sont les droits à percevoir?

R. Les journaux et écrits périodiques sont sujets au timbre, qui est fixé à six centimes pour chaque feuille de trente décimètres carrés et au-dessus, et à trois centimes pour chaque demi-feuille de quinze décimètres carrés et au-dessous.

</td></tr>
<tr><td valign="top">

PAPIER-MUSIQUE.

Loi du 2 floréal an 6,
interprétative de cel-
le du 9 vendémiaire
précédent.

</td><td>

D. Les feuilles de papier-musique, sont-elles assujetties au timbre; et, dans ce cas, quel en est le prix?

R. Oui, mais seulement les feuilles périodiques, quelle que soit leur étendue, et pour tout œuvre de musique qui n'excédera pas deux feuilles d'impression.

Le prix est le même que pour les journaux périodiques, *mais le décime est exigible* en sus.

</td></tr>
<tr><td valign="top">

LIVRES
DE COMMERCE.

Loi du 16 juin 1824,
art. 9.

</td><td>

D. Les livres de commerce sont-ils assujettis au timbre; et, dans ce cas, quel en est le prix?

R. Oui, la feuille de papier, petit ou moyen, est réduite à cinq centimes; et la feuille de plus grande dimension, à dix centimes; le tout avec décime.

</td></tr>
<tr><td valign="top">

VISA
POUR TIMBRE.

Instruction générale,
n° 1398, § 5.

</td><td>

D. En quoi consiste le visa pour timbre?

R. Il y en a de deux espèces: 1.º le visa pour timbre au comptant, qui a lieu pour les effets au-dessus de 20,000 fr.; pour ceux venant de l'étranger; pour les actes sous seing-privé, d'une date antérieure au 1.er avril 1791; pour les mandats de paiements, tirés sur leurs comptables par les Maires, avant l'acquit des parties prenantes: 2.º le visa pour timbre en

</td></tr>
</table>

débet, qui s'étend sur les feuilles destinées aux procès-verbaux des agents forestiers, gardes-champêtres, établissemens publics, gardes du génie, gendarmes, etc.

LOIS
QUI RÉGISSENT
chaque espèce
DE TIMBRE.

Nous les avons citées en marge de chacun des articles ci-dessus, afin d'éviter toute confusion dans la mémoire.

Code civil,

LIVRE II, TITRE I.er

DE LA DISTINCTION DES BIENS.

D. Établissez-nous la distinction des biens.

Art. 3881 du journal de l'enregistrement.

R. Tous les biens sont meubles ou immeubles : les biens sont immeubles ou par leur nature, ou par leur destination. 517.

Instruction générale, 1132, § 13.

Les fonds de terre et les bâtiments sont immeubles par leur nature. 518. Il en est de même des moulins à vent ou à eau, fixés sur piliers, les récoltes pendantes par racine et

Instruction générale, 288.

les fruits des arbres, non encore recueillis ; mais dès que les grains sont coupés et les fruits détachés, ils sont meubles. 519 et 520.

Instruction générale, 290, § 26.
Instruction générale, 366, n° 12.

D. Quels sont les immeubles par destination ? 524.

R. Tous les objets placés par le propriétaire pour l'exploitation du fonds. Ainsi les animaux attachés à la culture, les ustensiles aratoires, les pigeons de colombiers, les ruches à miel, les poissons des étangs, les cuves et pressoirs, les pailles et engrais, etc., sont immeubles. 524.

D. Quels sont les objets réputés meubles?

R. Les corps qui peuvent se transporter d'un lieu à un autre, sont meubles par leur nature. 528.

Sont aussi considérés comme meubles, les obligations, les créances, les rentes perpétuelles ou viagères. 530.

TITRE II.

DE LA PROPRIÉTÉ.

Art. 3764 du journal de l'enregistrement.

D. En quoi consiste le droit de propriété? 544.

R. A jouir et disposer des choses de la manière la plus absolue, pourvu qu'on n'en fasse pas un usage prohibé par les lois ou par les réglements.

Instructions 1035 et 1175.

D. Si des atterrissements et accroissements se forment successivement et imperceptiblement aux fonds riverains d'une rivière, à qui appartient le profit, et à charge de qui se trouve la perte? 556.

R. Au propriétaire riverain; à la charge de laisser le marchepied ou chemin de halage, conformément aux réglements, s'il s'agit d'un fleuve ou d'une rivière navigable.

Instructions générales, 1022, 1035, 1047, n° 28 et 1175.

D. A qui appartiennent les îles et îlots qui se forment dans le lit d'un fleuve ou d'une rivière navigable?

R. A l'État, s'il n'y a titre ou prescription contraires. 56o.

D. A qui appartiennent les îles qui se forment dans les rivières non navigables ? 561.

R. Aux propriétaires, riverains du côté où l'île s'est formée. Si l'île n'est pas formée d'un seul côté, elle appartient aux propriétaires riverains des deux côtés, à partir de la ligne qu'on suppose tracée au milieu de la rivière.

D. Si un artisan a employé une matière qui ne lui appartient pas, à former une chose d'une nouvelle espèce, quelle est la marche à suivre par celui qui en était propriétaire pour se la faire restituer ? 57o.

R. Il en est toujours maître, mais en remboursant la main-d'œuvre.

TITRE III.

DE L'USUFRUIT.

Instruction générale, 1132, n° 10.

D. Définissez-nous en quoi consiste l'usufruit. 578.

R. C'est le droit de jouir des choses dont un autre a la propriété, mais à charge d'en conserver la substance. L'usufruit peut s'établir sur les biens meubles et immeubles. 581.

N.º 1692 du journal de l'enregistrement.

D. Si l'usufruit comprend des choses dont on ne peut faire usage sans les consommer, comme l'argent, les grains, les liqueurs, quelle est l'obligation de l'usufruitier ? 587.

R. Il a le droit de s'en servir, mais à la

charge d'en rendre de pareilles quantités et qualités ou leur estimation à la fin de l'usufruit.

N.° 7464 du journal. D. Quelles sont les principales obligations de l'usufruitier ? 600.

R. Celui-ci ne peut entrer en jouissance qu'après avoir fait dresser, en présence du propriétaire, un inventaire de meubles et un état des immeubles sujets à l'usufruit; il donne caution de jouir en bon père de famille, s'il n'en est dispensé par l'acte constitutif de l'usufruit.

Art. 7464 du journal. Les pères et mères ayant l'usufruit légal du bien de leurs enfants, le vendeur ou le donateur, sous réserve d'usufruit, ne sont pas tenus à cette caution. 601.

D. Quelles charges l'usufruitier a-t-il à supporter?

R. il n'est tenu qu'aux réparations d'entretien. 605. Les grosses réparations demeurent à la charge du propriétaire ; et on entend par les grosses réparations, les gros murs, les voûtes, le rétablissement des poutres, les couvertures entières, etc. 606.

Art. 7940 du journal. L'usufruitier est tenu de toutes les charges annuelles des contributions. 608.

D. Comment se calcule l'usufruit pour la liquidation des droits d'enregistrement?

R. Sur la moitié de la valeur de la propriété: la moitié de l'usufruit se calcule sur le quart de cette propriété, et ainsi de suite.

DE L'USAGE ET DE L'HABITATION.

D. Celui qui a un droit d'habitation dans une maison, peut-il y demeurer avec sa famille, quand même il n'aurait pas été marié à l'époque où ce droit lui a été donné?

R. Oui, mais ce droit d'habitation ne peut ni se louer, ni se céder. 634.

D. Quelle est la quantité des fruits d'un fonds que peut exiger celui qui en a l'usage?

R. Il ne peut en exiger qu'autant qu'il lui en faut pour ses besoins et ceux de sa famille.

OPÉRATIONS EN PRÉSENCE DES EXAMINATEURS.

Enregistrement d'un acte contenant une seule disposition, d'une nature simple et nettement déterminée.

Déclaration d'une succession composée de biens de différentes natures, sans complications de legs particuliers, ni de communautés entre époux.

Rédaction d'une contrainte.

DEUXIÈME EXAMEN.

COMPTABILITÉ ET MANUTENTION
D'UN BUREAU.

CAISSE.

D. Quelles sont les obligations d'un Comptable envers sa caisse?

R. Les fonds qui y sont versés doivent être pour lui un dépôt sacré; il ne peut les détourner en aucune manière de leur destination, sans commettre un abus de confiance qui le conduirait à la destitution, et même, selon les circonstances, à être puni comme spoliateur de deniers publics.

PAPIER TIMBRÉ.

D. Quelles précautions doit prendre un Employé relativement à sa caisse et à son papier timbré?

R. Les fonds du trésor doivent être réunis dans une seule caisse et dans une même pièce; ils ne doivent pas être confondus avec les propres deniers du Receveur. Quant au papier timbré, il doit être déposé dans un lieu sec.

REGISTRES
DE RECETTE.

Droits au comptant.

D. En quoi consistent les registres de recette des droits au comptant?

R. Il y en a cinq principaux: le premier, pour l'enregistrement des actes civils; le second, pour les actes sous seing-privé; le

troisième, pour les actes judiciaires ; le qua-
trième, pour les actes d'huissier ; et le cinquième, pour les successions : un sixième est
destiné au visa pour timbre.

LIVRE
de
DÉPOUILLEMENT.

D. Quel est le but du livre de dépouillement ?

R. Le livre de dépouillement sert de point
de contrôle pour les recettes enregistrées sur
les divers registres. Il prévient ainsi toute
erreur de calcul qui pourrait se glisser dans
la comptabilité, si ce n'est les droits non tirés
hors ligne ; raison pour laquelle les Receveurs doivent apporter sur ceux-ci une attention plus particulière.

JOURNAL
ET PIÈCES
de dépenses

Circulaire n° 1418.

D. Quel est le but du journal de dépense ?

R. Il sert à enregistrer, jour par jour, sous
leur date et numéro, les récépissés qui sont
délivrés aux Receveurs, et les dépenses, de
quelque nature qu'elles soient.

FONDS
DE SUBVENTION.
Instruction générale,
97..

D. Donnez-nous quelques détails sur les
fonds de subvention.

R. Lorsqu'un Receveur n'a pas les fonds
suffisants pour acquitter une dépense assignée
sur sa caisse, il peut se faire remettre, par un
autre Receveur, la somme nécessaire pour
compléter le paiement : dans ce cas, le prê-
teur retirera de son collègue une quittance,
et en fera dépense sous le titre de fonds de
subvention remis aux caisses de l'administration. De son côté, le Receveur à qui les
fonds auront été fournis, en fera recette sur
ses états de produits aux mots : fonds de subvention reçus des caisses de l'administration.

VERSEMENTS.

Circulaires, n°° 1460 et 1589.

Instruction générale, 954.

Instruction générale, 1283.

D. Quelles sont les époques fixées pour les versements?

R. Ils doivent être faits par les Receveurs de chef-lieu, tous les cinq jours; par les Receveurs de canton, tous les mois, sous peine de destitution; et par les Conservateurs des hypothèques, tous les dix jours, seulement lorsqu'ils auront en caisse 500 f. et au-dessus. Toutefois, les Receveurs verseront immédiatement lorsqu'ils auront en caisse plus de 5,000 fr.

BORDEREAU de RECETTE PAR MOIS.

D. En quoi consiste le bordereau de recette et dépense par mois?

R. Lorsque le mois est expiré, les recettes sont extraites de chaque registre et reportées sur le sommier et le livre de dépouillement: à vue de ces deux registres, on remplit le bordereau de mois, dans l'ordre indiqué.

Ce bordereau est adressé à la direction, le deux du mois suivant, au plus tard; il contient aussi les dépenses effectuées, telles qu'elles sont portées préalablement au registre de dépouillement, avec la balance qui fait connaître le restant en caisse, s'il y en a un.

D. De quoi se compose le compte d'année?

COMPTE D'ANNÉE.

R. Toutes les recettes effectuées pendant l'exercice courant et le reliquat du précédent, y sont classés dans l'ordre et d'après les instructions de la comptabilité générale. Ce compte doit présenter, en outre, une parfaite concordance avec l'état des droits constatés, recouvrés et à recouvrer, qui doit y être joint:

il en est de même de la dépense, qui doit être classée dans le même compte, dans l'ordre qui y est indiqué, et présenter le même résultat que le journal tenu au bureau.

RESPONSABILITÉ
des
RECEVEURS.

D. En quoi consiste la responsabilité d'un Receveur ?

R. Toutes les fois qu'il laisse prescrire des droits, pour n'avoir pas fait, à temps utile, les diligences nécessaires ; qu'un recouvrement serait obtenu, s'il y avait donné l'activité convenable ; qu'une perception est insuffisante, et qu'il ne reste plus de recours pour réclamer le supplément ; qu'il a laissé, par sa faute, condamner l'administration en des frais et en des dommages et intérêts ; qu'il a négligé de requérir inscription, au nom du trésor, contre tous Receveurs généraux et particuliers, tous payeurs de département, des ports, des armées, au vu des actes de vente, d'acquisition, de partage et d'échange qu'ils auraient passés : il supporte personnellement l'objet du préjudice.

Instructions générales,
350, 442 et 868.
Loi du 5 sept. 1807.

SOMMIERS
et
REGISTRES DE RECETTE
des droits et produits
constatés.

Instruction générale,
1358.

D. Quel est le nombre des sommiers et registres des droits constatés, et en quoi consistent-ils ?

R. Les registres de recette sont au nombre de huit, correspondant soit par la nature des produits qui y seront portés, soit pour la distribution des colonnes aux sommiers, savoir :

1º Droits d'enregistrement de timbre (visa), de greffe, et amendes de contravention y relatives.

2º Sommier des droits d'hypothèques.

3° Sommier des amendes de condamnation et perceptions diverses.

4° Sommier des revenus de domaines, et prix divers de vente de mobiliers.

5° Sommier des prix de vente de domaines.

6° Sommier des produits accidentels.

7° Sommier des forêts (produits accessoires).

8° Sommier des prix de vente et de location d'objets mobiliers et immobiliers, provenant des ministères.

D. Quel est le but du sommier douteux, ou des découvertes à éclaircir?

R. Les articles de ce sommier sont rayés à mesure qu'on les a éclaircis. On fait mention en marge des motifs de leur radiation, ou du n° du sommier certain sous lequel ils ont été reportés.

D. Quels sont les articles à consigner au sommier certain ?

R. Toutes les découvertes certaines. Les articles seront rayés à mesure qu'il rentreront, mais par une barre seulement, de manière qu'on puisse les lire : le Receveur les émargera de la date des paiements et des n°s des enregistrements en recette.

D. Quels sont les articles à consigner au sommier des droits en débet ?

R. Ces articles sont relatifs aux actes et jugements à requête de l'administration, pour parvenir au recouvrement des droits, suppléments de droits, et amendes encourues ; les procès-verbaux des Juges de paix, dans l'intérêt des mineurs, des absents et des interdits ; enfin, tous les actes relatifs à des faillites. Mais on ne doit pas y mentionner les droits susceptibles d'être compris dans une condamnation à des frais ou dépens qui doivent être recouvrés par les employés de l'administration. Les Receveurs auront soin seulement d'émarger leurs enregistrements, de ces mots : à comprendre dans la liquidation des dépens.

Instruction générale, 607.

Lettre de l'administration, du 3 août 1816.

D. Quelle est la destination du sommier des surséances indéfinies ?

R. Il sert à inscrire les articles d'amendes, frais de justice et autres non prescrits, concernant des débiteurs insolvables. L'article de surséance doit figurer au sommier, jusqu'au moment où il survient au débiteur quelques moyens de solvabilité.

TABLES ALPHABÉTIQUES.

Instruction générale, 1147.

D. Quelles sont les tables alphabétiques en usage dans les bureaux ?

R. Elles sont au nombre de huit, savoir : celle des nouveaux possesseurs, celle des vendeurs qui se forme à vue de la première, des baux, des contrats de mariage, des testamens, des successions et absences, des créances hypothécaires, et enfin celle des usufruitiers qui se fait à la suite de celle des testaments.

Instruction générale, 1385.

D. Quel est le but de ces tables ?

R. De faciliter la recherche des actes anciens, et de procurer le moyen de parvenir aux découvertes; mais, pour cela, il faut en remplir les colonnes avec exactitude, en soignant de telle sorte les enregistrements, qu'ils présentent les indications que les tables sont destinées à contenir.

SOMMIER
de
LA CONTRIBUTION
foncière.
Son but et son utilité.
Instructions 1183 et
1371.

D. Quel est le but du sommier de la contribution foncière ?

R. On a recours à ce sommier pour découvrir les mutations, reconnaître les omissions qui auraient été faites dans les déclarations de succession, et acquérir des présomptions sur la valeur des biens.

RENVOIS.
Leur utilité.

D. Quelle est l'utilité des renvois, et quels sont les actes à renvoyer d'un bureau dans un autre ?

R. Les renvois doivent comprendre toutes les dispositions qui peuvent opérer des droits lors du décès des contractants, ou lors de l'échéance de conditions prévues.

En ce qui concerne les différents actes à renvoyer, et dont la nomenclature serait trop longue, on doit se conformer à l'article 13 du réglement annexé à l'instruction générale, n° 1351.

RECOUVREMENS.

D. Dites-nous quelque chose sur les recouvrements en général.

R. Il faut concilier dans les recouvrements ce qu'exigent les biens de l'État avec les ménagements dont on doit user envers les redevables, de manière à ne jamais précipiter les poursuites ; avoir pour le public un accueil affable, et ne pas le rebuter par des hauteurs ou des impatiences : c'est ainsi que l'entend l'administration dans les intérêts des produits, et plus encore dans ceux du Gouvernement.

POURSUITES.
Différents modes suivant la nature des produits.

D. De quelle manière s'exercent les poursuites pour parvenir au recouvrement des droits ?

R. S'il y a lieu de poursuivre le recouvrement des droits d'un acte non enregistré, d'une succession non déclarée, ou par suite d'une erreur de perception, le premier acte doit être une contrainte soumise au visa exécutoire du Juge de paix.

S'il s'agit des droits résultant d'une mutation secrète, d'une omission dans une déclaration de succession, ou d'une insuffisance d'évaluation prouvée par des actes, ou enfin d'une contravention commise par des particuliers ou par des officiers publics, aux lois sur l'enregistrement, les hypothèques, les ventes publiques de meubles ; le premier acte doit encore être une contrainte motivée pour démontrer l'exigibilité des droits.

Instruction 1150, § 17.

PROCÈS-VERBAUX
de
CONTRAVENTION.

D. Quelles sont les circonstances où les lois déterminent qu'il sera rédigé un procès-verbal, soit pour constater les faits, soit pour donner lieu à une condamnation préalable aux poursuites en recouvrement ?

Art. 31 et 32 de la loi du 13 brumaire an 7.
Instructions générales, 1458, § 2, et 1490, § 14.

R. Pour constater une contravention au timbre, un procès-verbal est nécessaire. On décerne ensuite une contrainte pour avoir paiement du montant de la peine encourue.

Il en est de même des contraventions à constater pas les préposés : 1° dans les ventes publiques de meubles, si ces contraventions sont découvertes sur les lieux où s'effectuent ces ventes, ou s'il s'agit de constater des faits dont il n'existe pas de preuves matérielles ; 2° pour le refus d'un dépositaire d'actes publics, de communiquer son répertoire et ses

Instruction générale, 1150, § 17, n° 2.

minutes ; 3° pour le défaut de dépôt annuel, et avant le premier mars, au greffe du tribunal, d'un double du répertoire d'un notaire ; 4° pour le défaut, par un notaire qui a reçu un contrat de mariage dont l'un des époux est commerçant, du dépôt par extrait de ce même contrat au greffe du tribunal et aux chambres désignées par l'article 872 du Code de procédure civile ; 5° enfin, pour toutes les infractions à la loi du 25 ventôse an 11, sur le notariat ; ces procès-verbaux s'adressent au Procureur du Roi.

DROITS DE GREFFE.

D. Combien y a-t-il de différents droits de greffe ?

R. Ces droits sont de trois sortes : le premier est relatif à la mise de chaque cause au rôle (il n'est dû qu'un seul droit, quand bien même la cause rayée serait replacée à la fin du rôle) ; le second, aux minutes indiquées par la loi ; et le troisième, aux expéditions de celles-ci.

D. Par qui sont perçus les droits de greffe ?

APPLICATION des LOIS ET DÉCRETS relatifs à cette perception.

R. Le droit de mise au rôle se perçoit par le greffier qui est tenu d'en verser le montant au Receveur, à l'expiration de chaque mois (voir, pour s'assurer de la régularité de cette perception, l'instruction générale 335) : quant à ceux de rédaction et d'expédition, ils sont perçus par le Receveur sur les minutes et les expéditions présentées par le greffier. Il est dû, en outre du droit ordinaire sur les procès-verbaux d'enquête, celui de cinquante centimes pour chaque déposition de témoins.

D. Quelles sont les lois et décrets relatifs à cette perception ?

R Elle se fait en vertu des lois des 21 ventôse et 22 prairial an 7, et du décret du 12 juillet 1808.

NOTARIAT.

Loi du 25 ventôse an 11.
Instruction générale, n° 263.

D. Quelle est la loi qui règle les obligations des Notaires ?

R. Celle du 25 ventôse an 11.

D. En quoi cette loi oblige-t-elle, principalement, ces Officiers publics ?

Instruction générale 1089.

R. A ne pas laisser, dans leurs actes, de lignes en blanc ; à éviter les surcharges, ratures et interlignes ; à faire mention, dans les actes, qn'ils ont été lus aux parties ; à ne pas instrumenter hors du ressort où ils sont placés, etc.

D. Les amendes prononcées par cette loi, en cas d'infraction, participent-elles au bénéfice de celle du 16 juin 1824 ?

R. Oui, suivant l'art. 10.

CONTRAVENTIONs à relever PAR LES PRÉPOSÉS.

Mode de poursuite.

D. Quel est le mode de constater les contraventions à cette loi ?

R. Elles se constatent par un procès-verbal qui est adressé au Procureur du Roi, pour requérir un jugement de condamnation ; mais les employés doivent s'abstenir de faire aucune mention marginale sur les actes argués d'irrégularité.

Instruction générale 1317, § 15.

VENTES PUBLIQ.ᶜˢ
DE MEUBLES.
Instruction générale,
n° 326, § 5.

D. Quelles sont les principales obligations imposées aux Officiers publics, pour procéder aux ventes publiques de meubles ?

R. La loi du 22 pluviôse an **7** les oblige à faire, au préalable, une déclaration au bureau, laquelle est inscrite sur un registre tenu à cet effet. Les Officiers publics transcrivent cette déclaration en tête de leur procès-verbal de vente : chaque article adjugé devra figurer sur ce procès-verbal ; le prix des objets adjugés sera porté sans altération et en toutes lettres ; le tout, sous les peines prononcées par la dite loi.

MODE
de constater
LES CONTRAVENTIONˢ.
Instruction 1150, § 17,
n° 2.

D. Quel est le mode de poursuite à exercer pour constater les contraventions en pareil cas ?

R. Elles se constatent par des procès-verbaux que l'on soumet à l'approbation du directeur, si ces contraventions sont découvertes sur les lieux où s'effectuent ces ventes, ou s'il s'agit de constater des faits dont il n'existe pas de preuves matérielles ; dans le cas contraire, on décerne contrainte motivée, comme pour le recouvrement des droits d'enregistrement.

D. Pour constater les contraventions de l'espèce, que peut encore faire un employé ?

R. Il est autorisé à se transporter dans tous les lieux où se font ces ventes, et à se faire représenter les procès-verbaux et les copies des déclarations préalables ; il peut même requérir l'assistance de l'autorité. La preuve testimoniale est admise sur ces ventes faites en contravention.

Code civil,

LIVRE III, TITRE I.er

DES SUCCESSIONS.

Art. 6144 et 8126 du journal de l'enregistrement.

D. Comment se divise une succession échue à des ascendants ou à des collatéraux?

R. Elle se divise en deux parties égales : l'une pour les parents de la ligne paternelle, l'autre pour ceux de la ligne maternelle. 733.

D. Qu'entend-on par ligne directe?

R. On appelle ligne directe, la suite des degrés entre personnes qui descendent l'une de l'autre.

Art. 1648 du journal de l'enregistrement.

D. Qu'entend-on par ligne collatérale?

R. La suite des degrés entre personnes qui ne descendent pas les unes des autres, mais bien d'un auteur commun. 736.

D. Comment se comptent les degrés en ligne collatérale?

R. Les degrés se comptent par les générations, depuis l'un des parents, jusques et non compris l'auteur commun. Ainsi deux frères sont au 2e degré; l'oncle et le neveu, au 3e; les cousins germains, au 4e; et ainsi de suite. 738.

D. Que signifie la représentation en matière de succession?

Art. 7623 du journal.

R. C'est une fiction de la loi, dont l'effet est

de faire entrer les représentans au lieu et place du représenté. 739. Ainsi, la représentation a lieu à l'infini en ligne directe; mais en ligne collatérale, elle n'est admise qu'en faveur des descendants des frères ou sœurs du défunt. 740 et 742.

Art. 7363 et 7452 du journal.

D. Si le défunt n'a laissé aucune postérité, mais seulement des ascendants, comment se divise sa succession? 746.

Art. 6251 du journal.

R. Elle se divise par moitié entre les ascendants de la ligne paternelle et ceux de la ligne maternelle.

D. Lorsque les père et mère d'une personne morte sans enfants, lui ont survécu, si elle a laissé des frères ou sœurs, comment se divise sa succession ? 748.

Art. 2172 du journal.

R. Elle se divise en deux portions égales, dont moitié seulement est déférée aux père et mère, et l'autre aux frères ou sœurs; mais si les père et mère sont décédés avant leur fils, alors ses frères ou sœurs et leurs représentants héritent de l'intégralité de la succession.

D. Quelle est la portion héréditaire d'un enfant naturel? 756.

Instruction générale 239.

R. L'enfant naturel n'hérite qu'autant qu'il a été reconnu; dans ce cas, ses droits sur les biens de ses père ou mère décédés se règlent ainsi qu'il suit :

Si le père ou la mère a laissé des enfants légitimes, son droit est d'un tiers de la portion héréditaire, s'il eût été légitime; il est de la moitié, si le père ou la mère ne laisse que des ascendants ou des frères ou sœurs; il est des trois quarts, lorsque les père ou mère ne laissent ni des uns ni des autres : enfin, cet enfant hérite de tout, lorsque ses auteurs ne laissent pas d'héritiers au degré successible. 757, 758.

D. Ces dispositions s'appliquent-elles aux enfants adultérins ? 762.

R. La loi n'accorde à ces derniers que des aliments.

D. Quel est le cas où le conjoint succède ? 767.

R. C'est lorsque le défunt ne laisse ni parents au degré successible, ni enfants naturels : et à défaut de conjoint survivant, la succession est acquise à l'État, sous le titre de déshérence.

TITRE II.

DES DONATIONS ENTRE-VIFS ET TESTAMENTS.

D. De quelle manière peut-on disposer de son bien à titre gratuit ? 893.

Art. 7941 du journal.

R. De deux manières : par donation entre-vifs, ou par testament.

D. Que signifie une donation entre-vifs ?

R. C'est un acte par lequel le donateur se dépouille actuellement et irrévocablement de

Instruction 290, n° 29.

la chose donnée en faveur du donataire qui l'accepte. 894.

<table>
<tr><td>

N° 1510 du journal.

</td><td>

D. Qu'est-ce qu'un testament? 895.

R. C'est un acte par lequel le testateur dispose, pour le temps où il n'existera plus, de tout ou partie de ses biens, et qu'il peut révoquer.

</td></tr>
<tr><td>

QUOTITÉ de BIENS DISPONIBLE.

Instruction générale 1173, n° 7.

</td><td>

D. Quelle est la quotité de la portion de biens disponible ?

R. Les libéralités exercées par donation ou par testament ne pourront excéder la moitié des biens du disposant, s'il ne laisse à son décès qu'un enfant légitime; le tiers, s'il en laisse deux; et le quart, s'il en laisse trois ou plus. 913.

</td></tr>
<tr><td>

N° 7799 du journal.

</td><td>

D. Si le disposant ne laisse point d'enfant, mais bien un ou plusieurs ascendants, quelle est la quotité des biens dont il peut disposer? 915.

</td></tr>
<tr><td>

N° 3515 du journal.

</td><td>

R. De la moitié seulement, s'il laisse des ascendants dans la ligne paternelle et maternelle; des trois quarts, s'il n'en laisse que dans une ligne; enfin, de la totalité, s'il ne laisse ni ascendants, ni descendants. 916.

D. Quelle doit être la forme d'une donation entre-vifs ?

</td></tr>
<tr><td>

Instruction générale 432, n° 3.

Instruction générale 290, n° 29.

</td><td>

R. Elle est passée par-devant notaire qui en garde minute à peine de nullité. 931. Elle n'engagera le donateur que du jour où elle sera acceptée. 932.

D. Si la donation est faite à un mineur non émancipé, comment s'accepte-t-elle ? 935.

</td></tr>
<tr><td>

Art. 7316 du journal.

Instruction générale, n° 209.

</td><td>

R. Par le fait de son tuteur; et, s'il s'agit d'un hospice ou d'un établissement d'utilité publique, une ordonnance du Roi sera nécessaire. 937.

</td></tr>
</table>

DE LA FORME DES TESTAMENTS.

Art. 7375 du journal.

Art. 8074 du journal.

D. Quelle est la forme des testaments ? 968.

R. Ils pourront être olographes, c'est à dire écrits, datés et signés de la main du testateur, 970; ou par acte public, en présence de quatre témoins. 971.

DES PARTAGES ANTICIPÉS.

Instructions générales, art. 852, n° 2; 1136, n° 3; 1150, n° 5.

D. Les pères et mères peuvent-ils faire à leurs enfants la distribution et le partage de leurs biens? 1075.

R. Oui, pourvu que ces partages soient faits dans les règles prescrites pour les donations entre-vifs et les testaments. 1076.

D. Quel est le droit des actes de cette nature?

Art. 5, loi du 16 juin 1824.

R. Vingt-cinq centimes pour cent sur le mobilier, et un franc pour cent sur les immeubles.

TITRE III.

DES CONTRATS ET DES OBLIGATIONS.

Art. 786 du journal.

D. Qu'est-ce qu'un contrat ?

R. C'est une convention par laquelle une ou plusieurs personnes s'obligent envers une ou plusieurs autres, à donner, à faire ou à ne pas faire quelque chose. 1101.

D. Définissez-nous ce que c'est qu'un contrat synallagmatique?

R. C'est celui où les contractants s'obligent les uns envers les autres. 1102.

D. Qu'est ce qu'un contrat à titre onéreux?

R. C'est celui qui assujettit chacune des parties à donner ou à faire quelque chose.

D. Qu'est ce qu'une obligation?

R. C'est la promesse de payer une somme ou de remplir un engagement.

Art. 8141 du journal.

D. Que signifie le mot antichrèse? 2071, 2072.

R. C'est la remise que le débiteur fait, par écrit, à son créancier, du revenu d'un bien immeuble, imputable sur les intérêts ou sur le capital de sa créance.

D. Définissez-nous ce que c'est qu'une obligation solidaire?

R. L'obligation est solidaire entre plusieurs créanciers, ou plusieurs débiteurs : 1° lorsque le titre donne, à chacun des premiers, le droit de demander le paiement du total de la cré-

Art. 4641 et 5806 du journal.

ance; 2° lorsque les débiteurs, obligés à une même chose, peuvent être contraints pour la totalité. 1197 et 1200.

Art. 5147 et 5151 du journal.

D. En quoi consistent l'acte authentique et l'acte sous seing-privé? 1317.

R. L'acte authentique est celui qui a été reçu par un officier public ayant le droit d'instrumenter dans le lieu où l'acte a été rédigé. L'acte sous seing-privé, reconnu par celui auquel on l'oppose, doit avoir la même foi que l'acte authentique.

DU CONTRAT DE MARIAGE.

D. De quoi se compose l'actif de la communauté des époux? 1401.

R. De tout le mobilier qu'ils possèdent au jour du mariage; de tout celui qui leur échoit pendant le mariage, à titre de succession, ou même de donation si le donateur n'a exprimé le contraire.

De tous les fruits, revenus, intérêts et arrérages, de quelque nature qu'ils soient, échus ou perçus pendant le mariage, et provenant des biens des époux. De tous les immeubles qui sont acquis à titre onéreux pendant le mariage.

D. Quels sont les biens immeubles des époux, qui n'entrent point dans la communauté? 1404.

Art. 6566 et 6764 du journal.

R. Ce sont ceux qu'ils possèdent au jour de la célébration du mariage; ceux qui proviennent de donations faites à l'un des époux, seulement pendant le mariage, 1405 ; ceux abandonnés à l'un des époux par un ascendant pour le remplir de ce qu'il lui doit, à la charge de payer les dettes du donateur ; enfin, ceux acquis pendant le mariage à titre d'échange contre l'immeuble appartenant à l'un des époux.

D. Combien y a-t-il d'espèces de communauté ?

R. Deux, savoir : la communauté conventionnelle, qui résulte de conventions non contraires aux lois ; et la communauté réduite aux acquêts, qui en exclut les dettes de chacun des époux, actuelles et futures, et leur mobilier présent et futur. 1498.

Art. 4268 du journal.

D. Que signifie le mot ameublissement ?

R. C'est lorsque les époux font entrer en communauté tout ou partie de leurs immeubles présents ou futurs. 1505.

Art. 6566 (*bis*) du journal.

D. Quels sont les biens paraphernaux ? 1574.

R. Ce sont tous les biens de la femme qui n'ont pas été constitués en dot.

OPÉRATIONS EN PRÉSENCE DES EXAMINATEURS.

Enregistrement d'actes contenant plusieurs dispositions.

Déclaration de succession soumise à une liquidation de communauté entre époux.

Rédaction d'un procès-verbal de contravention.

Rédaction d'un bordereau de recette et dépense par mois.

TROISIÈME EXAMEN.

Code civil.

HYPOTHÈQUES.

D. Quelles sont les lois qui régissent le système hypothécaire?

R. La loi du 21 ventôse an 7, et le livre III, titre 18 du Code civil.

D. Que signifie le mot hypothèque?

R. C'est un droit réel sur des immeubles affectés à l'acquittement d'une obligation.

D. En quoi consistent les registres de formalité ?

R. Le registre de dépôt de pièces, 2200 ; celui des inscriptions, où le bordereau présenté est copié littéralement ; celui des transcriptions, où l'acte de mutation est transcrit en entier ; celui des transcriptions des saisies immobilières, où l'acte de cette nature est copié littéralement ; celui des dénonciations de ces saisies et des notifications de placards, où ces actes sont analysés.

D. Le Conservateur ne tient-il pas aussi des registres d'ordre ?

R. Oui, et ces registres consistent en plusieurs volumes de répertoire ; en une table alphabétique de ceux-ci.

D. Quelle est l'utilité de ces répertoires ?

R. Ce sont des comptes ouverts, qui présentent à feuille onverte, savoir, à la page gauche et sur une seule ligne, chaque transcription d'acte de mutation, ventes, acquisitions, échanges, partages, etc. ; et à la page droite, la date et le n° sous lesquels les obligations contractées sont inscrites au registre de formalité des inscriptions, sus désigné.

DROITS
au
PROFIT DU TRÉSOR.

D. Quels sont les droits d'hypothèques perçus pour le compte du trésor ?

R. Ces droits sont, 1° d'un pour mille sur le montant des inscriptions; 2° d'un franc fixe par chaque transcription d'acte de mutation, lorsque le droit d'un et demi pour cent du prix stipulé aura été acquitté de la manière prescrite par les articles 52 et 54 de la loi du 28 avril 1816, c'est-à-dire que ce droit aura été acquitté avec l'enregistrement de l'acte ;

Ordonnance du Roi
du 1er mai 1816.

3° de la moitié des salaires du Conservateur sur la transcription de chaque acte de mutation.

D. Quels sont les salaires du Conservateur ?

SALAIRES
DES CONSERVATEURS.

R. Ils sont fixés par le décret du 21 septembre 1810, rapporté dans l'instruction générale, n° 494.

D. De quoi est responsable le Conservateur ?

Leur
RESPONSABILITÉ.

R. De toute omission de créance dans les états qu'il délivre au public ; dans ce cas, il se trouve substitué au lieu et place du créancier pour le paiement de la créance omise.

Il en est de même d'une radiation d'inscription à laquelle le Conservateur procéderait, en vertu d'un acte qui ne lui en conférerait pas les pouvoirs suffisants.

D. Les registres du Conservateur sont-ils publics ?

R. Oui, les Conservateurs sont tenus de délivrer au requérant copie des transcriptions, celles des inscriptions demandées, et l'état général des inscriptions, avec attestation qu'il n'en existe pas d'autres.

Code civil,

LIVRE III, TITRE XVIII.

DES PRIVILÉGES ET HYPOTHÈQUES.

D. Que signifie le mot privilége ? 2095.

R. C'est un droit que la qualité de la créance donne à un créancier d'être préféré aux autres, même hypothécaires. Les créanciers privilégiés du même rang, sont payés par concurrence. 2097.

D. Comment se règle le privilége du trésor ?

R. Par les lois qui le concernent, sans nuire toutefois aux droits antérieurement acquis par des tiers.

Loi du 5 sept, 1807. Instructions générales, 350, 442, 868 et 1503.

Code de Procédure civile,

I.re PARTIE, LIVRE V.

DE L'EXÉCUTION DES JUGEMENTS.

D. Si un jugement ordonne de fournir caution, comment se présente cette caution?

R. Par un exploit signifié à la partie ou à son avoué, avec la copie de l'acte de dépôt, fait au greffe, des titres qui constatent la solvabilité de cette caution. 517, 518.

D. De quelle manière doit se rédiger un compte ordonné par jugement, et que doit contenir ce compte?

R. Il doit contenir les recettes et dépenses effectives; il se termine par une balance des unes et des autres. Ce compte est ensuite présenté et affirmé par le rendant, ou par fondé de pouvoir.

D. Quel est le droit d'enregistrement d'un arrêté de compte ordonné par jugement, où il est alloué des sommes sur des pièces, sans mention qu'elles ont été enregistrées?

R. Le droit de libération est dû sur ces pièces, excepté sur les quittances des fournisseurs, ouvriers, maîtres de pension, et autres de même nature, 537: on perçoit en outre le droit d'obligation ou de condamnation sur le reliquat du compte, si le rendant demeure créancier ou débiteur.

Insruction générale, 436, n° 40.

Instruction générale, 436, n° 41.

Instruction générale, 1810, § 10.

D. Quel est le droit d'enregistrement d'un jugement qui prononce sur des actes passés en pays étranger, pour des propriétés y situées, où des actions à y faire valoir ? 546.

Instruction générale,
436, n° 43.

R. Un jugement rendu en France sur ces actes, serait passible de tous les droits auxquels les jugements ordinaires seraient assujettis ; mais ces mêmes actes ne seraient passibles que du droit fixe ; et ce droit fixe serait

Loi du 16 juin 1824,
art. 4.

de 10 f., s'il s'agissait d'une mutation en propriété ou en usufruit de biens immeubles.

D. Les certificats des greffiers, constatant qu'il n'existe contre un jugement ni opposition ni appel, sont-ils sujets à l'enregistrement ? 548.

R. Oui, car l'art. 7 de la loi de frimaire,

Instruction générale,
1354, § 13.

exige que les *certificats de toute nature* soient soumis à la formalité, dans les 20 jours : ils sont même sujets au droit de rédaction en sus.

Instruction 436, n° 45.

D. Lorsqu'un tiers saisi est assigné pour faire sa déclaration, de quel droit est passible cet acte, soit qu'il soit passé au greffe du tribunal civil, ou à celui de la justice de paix ? 571, 572, 573.

Instruction 1097.

R. Il est dû 2 f. de droit fixe, n'importe où cette déclaration aura été passée ; et un f. 25 c. en sus, pour droit de rédaction, si elle a lieu au greffe civil.

D. Doit-on percevoir le droit proportionnel, à raison des titres que les déclarations pourraient énoncer ?

R. Non, parce que le tiers saisi étant étranger aux poursuites des créanciers, il ne fait sa déclaration qu'en vertu de la loi qui l'exige de lui ; et qu'on ne pourait l'obliger à soumettre ses titres à la formalité, qu'autant qu'il serait tenu de les opposer en justice aux préten‑tions des saisis.

Instruction 436, n° 46.

D. Lorsque la saisie‑arrêt est formée sur effets mobiliers, le tiers saisi est tenu de joindre à sa déclaration un état détaillé des dits effets, 578: quel droit est‑il dû pour l'en‑registrement de cet état?

R. Si le détail des objets est compris dans la déclaration, il n'est dû aucun droit parti‑culier; mais si cet état est fait à part, il est sujet au droit fixe d'un franc.

D. De quel droit est passible l'acte de trans‑cription sur les registres du greffe, d'une saisie immobilière?

Instruction générale, 398.

R. Il est perçu sur cet acte, 3 f. pour droit d'enregistrement, et pareille somme pour droit de greffe.

D. L'insertion que doit faire le greffier au tableau placé à cet effet dans l'auditoire du tribunal, de l'extrait contenant la date et celle de l'enregistrement de la saisie immobilière, est‑il sujet à l'enregistrement? 682.

Instruction générale, 436, n° 50.

R. Non, il suffit seulement que la trans‑cription faite au greffe reçoive la formalité.

D. Mais cet extrait, qui doit être également inséré dans les journaux imprimés dans le lieu où siège le tribunal, n'est‑il pas passible de l'enregistrement? 683.

Instruction 436, n° 51.

R. Ces journaux s'enregistrent au droit d'un franc fixe, pour ce qui concerne l'extrait

en question, afin d'assurer la date de son insertion.

D. Quel est le délai dans lequel l'avoué,
dernier enchérisseur des biens expropriés, doit
faire sa déclaration de command ; et quel droit
est-il dû sur cette déclaration ? 709.

Instruction 436, n° 53.
Art. 10,073 du journal de l'enregistrement.

R. Un avoué, a trois jours pour faire cette
déclaration ; et le droit dû sur cet acte est
d'un franc fixe.

Instruction 436, n° 56.

D. Quels sont les droits à percevoir sur la
première adjudication, lorsque l'adjudication
sur folle enchère a été enregistrée auparavant ?
744.

R. Il est dû un double droit seulement, si
la première adjudication n'a pas été enregistrée dans les délais.

D. Si le prix de la seconde adjudication est
supérieur à celui de la première, et que celle-
ci ait été enregistrée, quel droit doit-on percevoir ?

R. L'adjudicataire définitif ne doit acquitter
le droit proportionnel que sur l'excédant.

D. Lorsque le prix de la revente est inférieur à celui de la première adjudication,
quelle est la perception à faire ?

R. Indépendamment du droit proportionnel
payé sur le prix par le second adjudicataire,
il est dû, par le fol-enchérisseur dont le jugement d'adjudication n'a pas été enregistré
dans les 20 jours de sa date, le droit proportionnel sur la différence ; et en outre, le droit
en sus sur le prix entier.

D. Quel est le droit à percevoir sur une

collocation faite à l'amiable par-devant notaire ou par tout autre acte civil? 749.

Instruction générale, 1320, § 2.

R. Ces actes ne sont sujets qu'au droit fixe d'un franc, s'il s'agit d'une distribution entre les héritiers bénéficiaires; mais autrement, on perçoit 50 cent. p. 0|0.

D. Quel est le droit d'un acte de production que l'avoué est tenu d'accompagner des titres qu'il produit? 754.

Instruction générale, 436, n⁰ˢ 12, 13 et 59.

R. Cet acte de produit, n'étant pas un acte du greffe et ne pouvant être considéré que comme un acte simple, ne donne ouverture qu'au droit d'un franc fixe.

D. Quel est le droit dû sur les procès-verbaux de collocation? 771.

R. Ces bordereaux ou mandements, n'étant que des expéditions par extrait du procès-verbal d'ordre qui a dû être enregistré avant leur délivrance, ne sont sujets à d'autre droit qu'à celui de greffe de 25 cent. p. 0|0, sans préjudice de ceux d'expédition.

Code de Commerce,

LIVRE I.ᵉʳ, TITRE III.

DES SOCIÉTÉS.

D. Combien la loi reconnaît-elle d'espèces de sociétés?

R. Trois, savoir: société en nom collectif, société en commandite, société anonyme.

D. En quoi consiste les engagements de ces sociétés?

R. Par la première, les sociétaires sont solidaires pour tous les engagements de la société, avec la seule signature de la raison sociale. 22.

La société en commandite se contracte entre un ou plusieurs associés responsables, et un ou plusieurs associés simples ou bailleurs de fonds, appelés commanditaires, 23; mais l'associé commanditaire n'est passible des pertes que jusqu'à concurrence des fonds qu'il a mis ou dû mettre.

La société anonyme n'est désignée par personne, 29; elle est seulement qualifiée pour l'objet de son entreprise, administrée par des mandataires à temps : ceux-ci ne répondent que de l'exécution de leur mandat. 32.

D. Par quels actes les trois espèces de sociétés doivent-elles être constatées? 39, 40.

R. Celles en nom collectif ou en commandite doivent l'être par des actes publics ou sous seing-privé. Quant aux sociétés anonymes, elles ne peuvent l'être que par des actes publics.

D. Quel est le délai pour la remise au greffe du tribunal de commerce de l'extrait des actes de société en nom collectif ou en commandite pour être transcrit sur le registre, et affiché pendant trois mois dans la salle des audiences? 42.

Instruction générale, 1132, n° 1.er

R. Dans la quinzaine, sous peine de nullité à l'égard des intéressés, sans que ce défaut puisse être opposé à des tiers par les associés.

D. La loi reconnaît, en outre de ces trois espèces de sociétés, les associations commerciales en participation, 47; expliquez-nous en quoi elles consistent?

R. Ces associations sont relatives à une ou plusieurs opérations de commerce, 48; mais elles ne sont pas sujettes aux formalités prescrites pour les autres sociétés. 5o.

TITRE VIII.

DE LA LETTRE DE CHANGE

ET

DU BILLET A ORDRE.

Instruction générale, 41o, n° 1.er

D. Quelle est la forme d'une lettre de change? 11o.

R. Elle est tirée d'un lieu sur un autre; elle énonce la date et la somme à payer, le nom de celui qui doit payer, l'époque et le lieu où le paiement doit s'effectuer, la valeur fournie en espèces, en marchandises ou en compte; elle est à l'ordre d'un tiers ou du tireur lui-même. Elle peut être tirée sur un individu, et payable au domicile d'un tiers. 111.

D. La solidarité, pour le paiement de la lettre de change, existe-t-elle entre le tireur et les endosseurs? 118.

Instruction générale,
714, § 3.

R. Oui, et dans le cas de refus d'acceptation, celui-ci est constaté par un acte que l'on nomme protêt, 119; et sur la notification du protêt, les endosseurs et le tireur sont tenus de donner caution pour assurer le paiement avec les frais de protêt et de rechange ou de retour.

D. Quel est le délai pour l'acceptation d'une lettre de change à sa présentation? 125.

R. Dans les 24 heures; et passé ce délai, celui qui l'a retenue est passible de dommages intérêts envers le porteur.

Instruction générale,
410, n° 1.er

D. Comment se transmet la propriété d'une lettre de change? 137.

R. Par la voie de l'endossement daté, exprimant la valeur fournie et le nom de celui à l'ordre de qui elle est passée: à défaut de ces formalités, l'endossement n'équivaut qu'à une

N.ºs 4047 et 4519 du
journal de l'enregis-
trement.

procuration. 138.

Il est défendu d'antidater les ordres, à peine de faux. 139.

Art. 5685 du journal.

D. Si une lettre de change n'est pas payée, contre qui le porteur a-t-il son recours? 140.

R. Contre tous ceux qui ont signé, accepté ou endossé, lesquels sont garants solidaires.

D. Le porteur d'une lettre de change dont le terme est expiré, peut-il différer d'en exiger le paiement? 161.

Instruction générale,
714, § 3, n° 1.er

R. Il doit exiger ce paiement, le jour même; et le refus de paiement doit être constaté le lendemain par un protêt. 162.

D. Contre qui le porteur peut-il alors exercer son action en garantie? 164.

R. Contre le tireur et chacun des endosseurs, individuellement ou collectivement; et si le porteur exerce son recours individuellement contre son cédant, il doit lui faire notifier le protêt; et, faute de paiement, le citer en paiement, dans la quinzaine de la date du protêt.

D. Si le porteur exerce son recours collectivement, comment doit-il agir? 167.

R. Il jouit alors des délais déterminés par l'art. 166.

D. Par qui sont faits les protêts?

R. Par deux notaires, ou par un notaire et deux témoins, ou par un huissier et deux témoins.

Art. 6659 du journal. de l'enregistrement.

D. Que doit contenir l'acte de protêt? 174.

R. La transcription littérale de la lettre de change avec l'acceptation des endosseurs qui y sont indiqués; la sommation de payer: il énonce la présence ou l'absence de celui qui doit payer, les motifs du refus et l'impuissance ou le refus de signer.

Instruction générale, n° 420.

D. Quelles sont les obligations des notaires ou des huissiers qui dressent des protêts? 176.

R. Ils sont tenus, sous peine de destitution, dépens, dommages-intérêts envers les parties, de laisser copie des protêts, et de les inscrire jour par jour dans un registre particulier coté et paraphé dans les formes des répertoires.

D. Que signifie le rechange ou compte de retour?

Art. 7143 du journal de l'enregistrement.

R. C'est une nouvelle lettre de change au moyen de laquelle le porteur se rembourse sur le tireur, ou sur l'un des endosseurs, du principal de ses frais et du nouveau change qu'il paie. 178.

D. Le porteur peut-il aussi exiger des intérêts ? 184.

R. Oui, mais seulement à compter du jour du protêt. Quant à l'intérêt des frais de protêt, rechange et autres frais légitimes, il n'est dû qu'à compter du jour de la demande en justice. 185.

SECTION II.

DU BILLET A ORDRE.

Art. 5685 du journal de l'enregistrement.

D. Que signifie un billet à ordre ?

R. Les dispositions sont les mêmes que pour les lettres de change. 187.

D. Quelle est la prescription relative aux lettres de change et aux billets à ordre pour fait de commerce ?

R. De cinq ans, à partir du jour du protêt.

Code forestier,

TITRE I.er

DU RÉGIME FORESTIER.

Instruction générale, n° 1251.

D. Quels sont les bois soumis au régime forestier ?

4

R. Ce sont ceux du domaine de l'État, du domaine de la couronne, ceux possédés à titre d'apanage et de majorats reversibles à l'État, ceux des communes, ceux des établissements publics ; enfin, ceux où l'État, les communes et les établissements publics ont des droits indivis avec les particuliers.

D. Les bois des particuliers n'y sont donc pas compris ?

R. Les particuliers exercent sur leurs bois tous les droits résultant de la propriété, sauf. les restrictions spécifiées au Code forestier.

TITRE III.

BOIS ET FORÊTS QUI FONT PARTIE
DU
DOMAINE DE L'ÉTAT.

D. Quelles sont les formalités à remplir pour parvenir au bornage d'un bois de l'État? 10.

R. Cette opération est annoncée deux mois d'avance, par un arrêté du Préfet, qui sera publié dans les communes limitrophes, et signifié au domicile des propriétaires riverains : après ce délai, les agents forestiers procèdent à la délimitation, en présence ou en l'absence des propriétaires riverains ; et le procès-verbal de cette opération est déposé à la Préfecture ; il en est donné avis dans les communes limi- trophes, et les intéressés peuvent en prendre connaissance et y former opposition dans le délai d'une année, à dater du jour de la publication de l'arrêté. 11.

D. En cas de contestation de la part des intéressés, quelle marche suit-on ? 13.

R. Les contestations sont portées par les intéressés devant les tribunaux, et il est sursis à l'abornement jusqu'à leur décision.

D. De quels droits d'enregistrement est passible la signification de l'arrêté du Préfet aux propriétaires riverains ?

R. D'autant de droits de deux francs qu'il y a de propriétaires à qui cet arrêté est signifié.

Instruction générale, 1473, § 1.er

D. Quelle est la règle à suivre pour la coupe des bois de l'État ? 15.

R. Il ne peut être fait aucune coupe de ceux-ci sans une ordonnance spéciale du Roi, à peine de nullité des ventes; et aucune vente ne peut en être faite que par voie d'adjudication publique qui sera annoncée au moins 15 jours d'avance, 17, sous peine également de nullité. 18.

D. Tous les particuliers peuvent-ils prendre part aux ventes ?

R. Les agents forestiers dans l'étendue de tout le royaume, les fonctionnaires chargés de présider aux ventes, les Receveurs des coupes, les parents et alliés des agents forestiers dans l'étendue du territoire pour lequel ces agents sont commissionnés, les conseillers de préfecture, les juges et greffiers dans toute l'étendue de leur ressort, ne peuvent y participer. 21.

D. En cas d'association secrète entre les marchands de bois tendant à nuire aux enchères, quelle est la conduite à tenir par les agents chargés de la vente?

R. Ils requièrent contre ceux-ci l'application des peines prononcées par l'art. 412 du C. p.

D. Un adjudicataire peut-il faire une déclaration de command? 23.

R. Oui, mais séance tenante.

D. Si l'adjudicataire ne fournit pas les cautions exigées par le cahier des charges dans le délai prescrit, qu'arrive-t-il?

R. Il est déclaré déchu par un arrêté du Préfet; il est procédé à une nouvelle adjudication à sa folle enchère, et l'adjudicataire déchu est tenu par corps de la différence entre son prix et celui de la revente, sans pouvoir réclamer l'excédant s'il y en a.

D. Peut-on faire une offre de surenchère après une adjudication? 25.

R. Oui, et le surenchérisseur y est admis au secrétariat qui sera indiqué au cahier des charges, jusqu'à midi du lendemain, pourvu que son offre soit au moins du cinquième de l'adjudication.

D. Lorsque l'adjudication a eu lieu, quelle formalité l'adjudicataire doit-il remplir pour commencer sa coupe? 5o.

R. Obtenir par écrit de l'agent forestier le permis d'exploiter, à peine d'être poursuivi comme délinquant.

D. L'adjudicataire peut-il exploiter par lui-même? 31.

R. Oui, mais il est tenu d'avoir un garde-vente qui sera agréé par l'agent forestier local, et assermenté devant le Juge de paix ; cet employé sera autorisé à dresser des procès-verbaux, tant dans la vente qu'à *l'ouïe* de la cognée (c'est un espace de 25o mètres, à partir des limites de la coupe).

D. Quelles sont les autres charges essentielles imposées à l'adjudicataire ? 32.

R. Il sera pourvu d'un marteau dont il déposera l'empreinte chez l'agent forestier et au greffe du tribunal, sous peine de 1oo fr. d'amende ; ce marteau sera commun tant pour lui que pour ses associés, sous peine de 5oo f. d'amende ; il sera tenu de respecter les arbres marqués pour demeurer en réserve, 33, sous peine des amendes prononcées par l'art. 34. Il ne pourra enlever aucun bois ni le couper avant le lever ni après le coucher du soleil, sous peine de 1oo fr. d'amende. 35.
Il lui est interdit de peler ou d'écorcer sur pied, sans permission, aucun des bois de sa vente, sous peine de 5o à 5oo fr. d'amende. 36.

Si l'adjudicataire veut établir des fosses ou fourneaux pour le charbon, le local lui sera indiqué par l'agent forestier, sous peine de 5o fr. d'amende, 58 ; quant à la traite des bois, elle se fera par les chemins désignés au cahier des charges, sous peine, contre celui qui en pratiquerait d'autres, de 5o à 2oo fr. d'amende. 39.

D. Quel est le délai accordé pour la coupe des bois et la vidange des ventes ?

R. Le délai qui est fixé par le cahier des charges, à moins que l'adjudicataire n'obtienne une prorogation.

L'amende, en cas de retard, est de 5o à 5oo fr., et en outre des dommages-intérêts dont le montant ne pourra être inférieur à la valeur des bois restés sur pied ou gisant sur les coupes qui seront saisies pour garantie des dommages.

AFFECTATION ET DROIT D'USAGE

DANS

LES FORÊTS DE L'ÉTAT.

D. En quoi consiste le droit d'usage dans les forêts de l'État ? 61.

R. C'est un droit ancien concédé par le gouvernement aux communes, à l'effet de s'approvisionner du bois de chauffage et du bois de construction nécessaires à leur besoin ; ce droit s'étend aussi aux pâturages.

D. Les communes peuvent-elles aujourd'hui former de nouvelles demandes de cette nature au gouvernement ?

R. Non, parce que la loi s'y refuse, 62, et que l'État s'est réservé la faculté d'affranchir ses forêts de cette charge, au moyen d'un cantonnement qui sera réglé de gré à gré, ou par les tribunaux en cas de contestation. 63.

TITRE XIII.

DE L'EXÉCUTION DES JUGEMENTS.

AMENDES.
Mode de poursuite.

D. De quelle manière signifie-t-on les juge-ments rendus à requête de l'administration forestière ? 209.

R. Par de simples extraits à requête du ministère public, et cette signification fera courir les délais de l'appel des jugements par défaut.

D. Quel est le mode d'exécution de ces jugements ?

R. Ils sont exécutoires par la contrainte par corps, cinq jours après un simple commande-ment fait aux condamnés ; en conséquence, sur la demande du Receveur de l'enregistre-ment au Procureur du Roi, ce magistrat adresse les réquisitions nécessaires aux agents de la force publique.

D. Quel est le temps de l'emprisonnement ?

R. Pour les gens solvables, jusqu'au paie-ment de l'amende et des frais; ou après avoir fourni caution admise par le Receveur des domaines; ou, en cas de contestation de sa part, déclarée bonne par le tribunal, 212; néanmoins les condamnés qui justifieront de leur insolvabilité, 213, aux termes de l'art. 420 du Code d'instruction criminelle, seront élargis après 15 jours, lorsque le montant de l'amende et des frais n'excéderont pas 15 fr. :

l'emprisonnement sera d'un mois pour les condamnations de 15 à 5o fr.; de deux mois, pour celles de 5o fr. et au-dessus.

En cas de récidive, la durée sera du double.

La détention est dans tous les cas employée comme moyen de contrainte, indépendante de celle prononcée pour tous les cas où la loi l'inflige.

D. En est-il ainsi pour les jugements rendus dans l'intérêt des particuliers ?

R. Oui, ceux-ci les feront signifier et exécuter à leur diligence, suivant les mêmes formes et voies de contrainte que les jugemens rendus à requête de l'administration.

Les Receveurs recouvreront également les amendes prononcées ; mais les particuliers pourvoiront à la consignation des aliments, prescrite par le Code de procédure civile.

Instruction générale, n° 15o3.

D. Pour prévenir la prescription des amendes et frais de justice, quelle est la marche à suivre ?

R. Il faut faire procéder à la saisie des biens des condamnés, ou à leur emprisonnement par la contrainte par corps, car aucun autre moyen ne pourrait l'interrompre.

Art. 923o du journal de l'enregistrement.

D. Quel est le délai pour la prescription des amendes forestières et les frais qui en dépendent.

Instruction générale, 748.

R. Il est de cinq ans pour les amendes, et de 3o ans pour les frais.

DOMAINES.

D. Quelles sont les lois principales sur les domaines?

R. Pour les ventes, ce sont celles des 15 et 16 floréal an 10, et 5 ventôse an 12; et pour les baux, celles du 5 novembre 1790, 12 septembre 1791 et 10 germinal an 2.

D. En quoi consistent les domaines de l'État?

R. Les uns ont une destination d'utilité publique; les autres, sous le titre de domaines productifs, sont régis par l'administration, à l'exception des bois que l'on a confiés à la surveillance de l'administration des forêts.

D. En quoi consistent les domaines engagés?

R. Ce sont ceux qui ont été concédés pour un temps limité à différentes époques par l'ancien gouvernement, et qui dépendent du domaine dit de la couronne.

Ils ont été affranchis par la loi du 14 ventôse an 7, entre les mains des détenteurs, à charge par eux de verser, dans un délai déterminé, au trésor public, le quart de la valeur de ceux-ci. Ce délai étant expiré, l'administration est à la recherche de ceux de ces biens qui n'ont pas été affranchis pour s'en remettre en possession.

BAUX DE BIENS NATIONAUX.

D. Quelle est la marche à suivre par un Receveur pour passer ou renouveler un bail de biens nationaux?

R. Il dresse le cahier des charges, le soumet à l'examen du Directeur, et il est présenté à l'autorité administrative pour être définitivement réglé et arrêté. On annonce ensuite l'adjudication par des affiches apposées un mois d'avance ; et le bail est passé publiquement et aux enchères devant l'autorité administrative.

Circulaire, n° 157.

Art. 2, titre 2.
Loi du 5 nov. 1790.

BAUX
DE LA PÊCHE.

D. Par qui les baux de la pêche sont-ils passés ?

R. Par l'administration des forêts, et dans la forme indiquée par la circulaire du 30 septembre 1812 ; le droit en est exercé au profit de l'État par l'administration des domaines. Le prix des baux et celui des licences, est payé par trimestre au Receveur des domaines, ainsi que les amendes et confiscations.

Loi du 15 avril 1829.

VENTE
des
DOMAINES DE L'ÉTAT.

D. Comment procède-t-on à la vente des domaines nationaux ?

R. Ces ventes ont lieu par-devant le Préfet, et en présence du Directeur des domaines.

Loi des 15 et 16 floréal
an 10.

Le prix des adjudications est payable en cinq termes : le premier, trois mois après l'adjudication, n'opère pas d'intérêts, mais ils sont dus pour chacun des quatre autres.

Loi du 5 ventôse an
12, art. 106.

D. Quel est le droit d'enregistrement à percevoir sur ces ventes ?

R. Le deux pour cent ; tous les autres frais demeurent à la charge de l'État, à moins d'une stipulation contraire.

D. Qu'arrive-t-il aux acquéreurs en retard de payer ?

R. Ils sont déchus de plein droit, si, dans la quinzaine de la contrainte à eux signifiée, ils ne se sont pas libérés ; dans ce cas, ils sont

Loi du 15 floréal an 10, art. 8.

VENTE
du
MOBILIER DE L'ÉTAT.

Loi du 5 nov. 1790, titre 8, art. 5 et suivants.

Arrêté du gouvernement du 23 nivôse an 6, art. 1 et 2.

Art. 4 de l'arrêté ci-devant.

SUCCESSIONS
VACANTES.
Code civil, art. 811.

Instructions générales, 219, 300, n° 1 et 1118.

tenus de payer une amende égale au dixième du prix de l'adjudication s'ils n'ont fait aucun paiement ; et au vingtième, s'ils ont payé un ou plusieurs à-comptes : le tout sans préjudice de la restitution des fruits.

D. Comment procède-t-on à la vente du mobilier de l'État ?

R. Ces ventes se font aux enchères et à l'extinction des feux, lorsque la première enchère surpasse cent francs ; elles sont annoncées un mois d'avance, de huitaine en huitaine. Le Préfet fixe le jour où la vente doit avoir lieu par le Receveur des domaines, en présence d'un commissaire de l'administration municipale, sans que l'absence de celui-ci puisse retarder ou empêcher la vente. Les frais des crieurs et des hommes de peine, qui sont les seuls alloués au Receveur, sont déduits sur le prix des ventes.

D. Quel est le mode de paiement du montant de ces ventes ?

R. Elles sont faites au comptant.

D. Expliquez-nous ce que signifie une succession vacante ?

R. Pour qu'une succession soit réputée vacante, il faut qu'il n'y ait pas d'héritiers connus, ou qu'ils aient renoncé, ou qu'il ne se présente personne qui réclame la succession, c'est-à-dire que l'hérédité ne soit revendiquée par aucun des successeurs irréguliers que la loi appelle à cette succession.

D. Comment s'administrent ces successions ?

Code civil, n° 813.

R. Par un curateur nommé par le tribunal civil, lequel est assujetti aux mêmes obligations que l'héritier bénéficiaire, raison pour laquelle il est astreint à passer déclaration des biens dans les six mois du décès, sous peine de demeurer personnellement responsable du demi-droit en sus.

Instruction générale, 219.

SUCCESSIONS EN DESHÉRENCE.

D. Que signifie une succession en déshérence ?

R. C'est un droit qu'a le domaine de succéder à tous les biens de celui qui meurt sans avoir disposé de ses biens par testament et sans héritiers habiles à lui succéder.

D. Quelle distinction y a-t-il à faire entre la succession en déshérence et la succession vacante ?

Arrêt de cassation du 15 avril 1815.
Art. 5152 du journal.

R. Le droit de déshérence est au profit de l'État un droit de propriété, tellement que les jugements rendus contradictoirement avec lui ne sont pas susceptibles de tierce-opposition de la part des héritiers qui réclament dans les 30 ans ; au lieu que pour les succes-

Instructions générales, 219, 300, 517 et 1407.

sions vacantes, quoique les héritiers connus ne se présentent pas, ils ne sont pas moins saisis de plein droit de la succession ; et qu'ainsi les actions peuvent être dirigées contre eux tant qu'ils n'ont point renoncé, ou que la faculté d'accepter n'est pas prescrite.

Instructions 447 et 1113, n° 2.

D. Que signifie le mot épave ?

Instruction 493, 539 et 713. c. c.

R. C'est ce qui est trouvé sans maître sur le sol d'un terrain quelconque, ou sur la surface des eaux. Tout objet mobilier resté sans maître est une épave, et attribué au trésor public.

CONTUMACES.
ADMINISTRATION
et séquestre
DE LEURS BIENS.

D. De quelle manière administre-t-on les biens de contumaces?

R. L'accusé ayant pris la fuite, au lieu de comparaître en justice par le mandat décerné contre lui, le Président de la Cour d'assises rend une ordonnance qui prononce que cet individu est rebelle à la loi, et que ses biens demeurent séquestrés au profit de l'État pendant tout le temps de sa contumace. Cette ordonnance est envoyée au Directeur des domaines qui charge le Receveur du bureau de la situation des biens, de procéder à la main mise, dans les formes usitées pour les biens d'absents; et le compte est rendu à qui il appartient, après que la condamnation est devenue irrévocable par l'expiration du délai donné pour purger la contumace.

Art. 471 du Code d'instruction criminelle.

D. Procède-t-on de la même manière en ce qui concerne les contumaces faillis?

R. Non, car les biens de ceux-ci ne sont point séquestrés, comme étant le gage des créanciers; seulement, lorsque les frais de la contumace du failli ont été avancés par le trésor, les créanciers en doivent le remboursement.

Circulaires 693 et 1997.

Circulaire du 5 sept. 1807.

OPÉRATIONS A FAIRE PAR LE SURNUMÉRAIRE EN PRÉSENCE DES EXAMINATEURS.

1º *Enregistrements d'actes et de jugements compliqués.*

2º *Déclaration d'une succession grevée de legs particuliers, de sommes d'argent n'existant point en nature dans l'actif.*

3º *Rédaction d'un rapport sur une perception critiquée, ou d'un mémoire dans une instance relative à un droit contesté.*

FIN.

TABLE
ALPHABÉTIQUE DES MATIÈRES.

FIN DE LA TABLE.